Ma maman est morte

POUR LES ADULTES

Un livre pour aider les adultes à aider les enfants

On aimerait toujours protéger les enfants de nos douleurs d'adultes. La vie en décide parfois autrement. D'un malheur, il est possible de faire une force. Ce petit livre souhaite vous aider à accompagner les enfants qui rencontrent des difficultés dans leur vie, en les invitant à verbaliser ce qu'ils ressentent et à questionner le monde, afin qu'ils continuent à grandir sereinement.

Comment se préparer à la lecture de ce livre ?

Avant toute chose, prenez le temps de le lire seul, en imaginant comment l'enfant pourrait réagir, et quelles questions il pourrait poser.

Ensuite, proposez la lecture de ce livre à l'enfant, sans la lui imposer. L'objectif n'est pas de faire intrusion dans son univers, mais d'offrir un espace d'échange.

Si vous avez peur de ne pas parvenir à lire ce livre sans pleurer, rappelez-vous que pleurer n'est pas un échec, et ce n'est pas non plus honteux. Si des larmes viennent pendant la lecture, accueillez-les, et expliquez à l'enfant que la tristesse est saine lorsqu'elle est passagère.

En revanche, si vous vous sentez trop fragile pour entamer cet échange, prenez le temps nécessaire ou sollicitez l'aide d'une autre personne. Il ne serait pas aidant d'imposer à l'enfant le poids de votre propre mal-être. Il vous appartient de discerner ce qui est sain et juste, et de poser vos propres limites.

Les réactions d'un enfant peuvent surprendre. Chacun réagit comme il peut à un événement, et certaines personnes ne ressentent pas ou vivent différemment la tristesse. Acceptez-le, sans chercher à influer sur les émotions. Les enfants sont très résilients et parviennent à surmonter certains traumatismes bien mieux que beaucoup d'adultes. Si vous êtes soucieux ou que vous jugez la réaction d'un enfant anormale, n'hésitez pas à consulter un professionnel (par exemple un psychologue), qui pourra vous éclairer et vous accompagner.

Chaque situation est différente. Ce livre n'entre pas dans les détails de la problématique vécue, pour éviter d'imposer un point de vue (croyance, etc.) ou d'être en défaut par rapport aux circonstances réelles. Il est nécessaire d'accompagner la lecture, pour répondre aux questions du jeune lecteur. Ce livre n'est pas conçu pour être lu par un enfant seul.

Donner du temps au temps

Le temps d'acceptation, de compréhension, de digestion, peut être très long. Parfois, être simplement présent, même en silence, peut aider. La lecture de ce livre peut se faire en plusieurs étapes, en lisant une page par jour ou par semaine, ou en l'ouvrant de temps en temps lorsque le besoin s'en fait ressentir. Arrêtez-vous aussi longtemps que nécessaire sur chaque page, mais sans insister si l'enfant exprime des réticences.

Les mots des adultes

S'il est nécessaire de dire aux enfants la vérité, certains détails n'ont pas à être partagés avec eux, afin de les préserver. Mais il est parfois plus pertinent d'utiliser les mots des adultes, en les expliquant, que des mots d'enfant, plus simples ou plus poétiques, qui peuvent être mal compris. Vous pouvez vous assurer de la bonne compréhension de l'enfant en lui demandant de vous expliquer ce qu'il comprend, afin d'ajuster votre discours.

Certaines questions n'ont pas de réponse. On peut simplement dire que l'on ne sait pas.

Et après ?

On a le droit d'être triste. On a aussi le droit d'être heureux et de se réjouir de constater que la vie continue. Nous vous conseillons de terminer la lecture ou la conversation autour de ce livre sur une note positive.

La vie
est pleine
de surprises.

Il y a des
surprises
agréables,
qui font du bien.

Et il y a des
surprises désagréables,
qui font de la peine.

Il y a des surprises
que l'on peut prévoir,
imaginer, qui font partie

du cycle

de la vie,

et d'autres surprises auxquelles on ne s'attend pas.

Sais-tu ce que c'est,

la mort ?

Est-ce que tu pourrais l'expliquer avec tes propres mots ?

Quand on a du mal à comprendre, on a le droit de **poser des questions,** sans avoir peur.

Parfois, il y a des réponses, on comprend pourquoi certaines choses arrivent.

Mais parfois,
on ne comprend pas
pourquoi certaines
choses arrivent.

Il n'y a pas toujours
une explication.

Parfois, on peut lutter pour que quelque chose n'arrive pas.

On peut demander de l'aide, et avoir du soutien.

Mais parfois,
on ne peut
rien faire.

Il faut faire avec,
même si c'est difficile.

Chacun réagit comme il peut
aux événements de la vie.

On peut se sentir en **colère** et avoir envie de crier.

On peut avoir

peur

et avoir envie de se cacher.

On peut se sentir
triste
et avoir envie
de pleurer.

On peut aussi ne **rien** ressentir.

Ou au contraire, ressentir des tas d'**émotions** en même temps.

Quoi que l'on ressente,
on peut
en **parler**.

Ça fait du bien
de **partager**.

Souvent, utiliser des mots pour dire ce que l'on ressent, ça rend plus léger.

Toi, que ressens-tu ?

Arrives-tu à en **parler** ?

Si ton émotion était une **couleur**, ce serait laquelle ?

Il est parfois difficile de trouver les mots.

Alors, on peut prendre le temps d'être simplement **ensemble,** en silence.

Dans la vie, on ressent des émotions agréables et désagréables, mais elles sont toutes nécessaires.

Vivre,

c'est ressentir
parfois de la douceur
et de la joie,
et parfois
de la tristesse,
de la colère
ou de la peur.

Quand on se sent envahi par les émotions désagréables, on peut essayer de se calmer.

Connais-tu des astuces pour calmer tes émotions ?

Tu peux prendre le temps de **respirer** calmement, en expirant longuement.

Tu peux
écouter
une chanson
que tu aimes bien.

Tu peux sortir faire
une ## promenade,
pour respirer l'air pur.

Tu peux **fermer les yeux** et penser à un **souvenir** agréable.

Quand tu es triste, quels sont les **mots** et les **gestes** qui te font du bien ?

Un gros câlin ?

Un gâteau aux pommes ?

Quand la tristesse dure trop longtemps, on peut consulter des personnes dont le métier est d'**aider les autres** à se sentir mieux.

La vie est pleine
de surprises.

Agréables et désagréables.

Mais les malheurs
sont passagers.

Rappelle-toi que **demain**, le soleil se lèvera et que **ta vie**, merveilleuse, continue.

Pour me souvenir de

Dessine ici un portrait ou colle une photo :

Raconte ici un souvenir heureux avec ta maman :

Et maintenant, avec qui pourrais-tu vivre d'autres beaux moments ?

Dessine ici ce que tu ressens aujourd'hui :

Dessine ici ce que tu souhaites ressentir demain :

Printed in France by Amazon
Brétigny-sur-Orge, FR